삶의 문장부호

지성 · 감성의 메타언어

조선문학시인선 · 367

삶의 문장부호

한 주 운 시집

조선문학사

▌책머리에

어둠이 가시지 않은 새벽, 밤새 품고 있던 구름을 깨우는 아버지 같은 산과, 물안개를 흔들어 고운 목소리로 흐르는 어머니 같은 한강을 마주보며 산책로를 걷는 기쁨은 새날에 대한 기대와 희망입니다.

볼 수 있고 들을 수 있으며 생각할 수 있다는 것은 크나큰 축복이며 은혜입니다. 더구나 시작(詩作)은 내 삶을 이끌어가는 에너지이자 버틸 수 있는 근원이며, 서두르지 않고 한걸음씩 걸어온 흔적입니다.

첫 시집을 출간한 지 5년 만에 두 번째 시집이 생명을 얻었습니다.

삶이 미완성이듯 여전히 어눌하고 미숙하여 세상 빛을 보는 것이 부끄럽습니다. 그러나 앞만 보고 걸어 온 행로(行路)를 잠깐 멈추어서 돌아보는 계기로 삼고 싶습니다. 삶의 여정(旅情)에 한 모금의 생수가 되어 마른 가슴을 촉촉이 적실 수 있었으면 좋겠습니다.

심연(深淵)에서 길어 올리는 고운 숨결과 눈부신 햇살로 빚어낸, 영혼을 살리는 한 편의 시를 쓰기 위해 오늘도 새벽별을 보고 있습니다.

저와 늘 동행하시는 하나님께 감사와 영광을 돌립니다. 그리고 출간을 위해 용기를 주신 분들과 조선문학사에 깊이 감사를 드립니다.

2014년 여름

한 주 운

한 주 운 시집

삶의 문장부호

차례

제1부
삶의 문장부호

제2부
시로 쓴 현장 취재

시집평설

제1부

삶의 문장부호

창밖으로 내다본 세상

사각 프레임 밖 세상은
현재 진행형
빗방울에 매달려 온몸을 흔들리고 있다
다섯 뼘 밖에 안 되는 쉼 속에
움직이는 놀라운 눈
하루가 앞서가고 있다

사각 프레임 밖 세상은
현재 진행형
한 여자가 꿈꾸는 환기구,
쉼 없이 돌아가는 소음의 순환 앞에
가끔씩 찾아오던 소리새 그치고
숨만 깔딱깔딱 가쁜 호흡이 짧다

사각 프레임 밖 세상은
현재 진행형
멈추지 않고 떠나는 시간여행
나른한 오후가 멈춰선 자동차 위에 시동을 끄면
복면을 벗은 어둠이 불빛을 타고 논다

도시의 이방인

어스름 해질녘
먼지 덮인 거리의 무명 연주자
얼굴엔 핏기 잃은 시간이 숨을 고르고
스치는 발길에 한기가 채인다

삼켜버린 눈물이 낡은 바이올린의
목을 졸라매고
졸라 매인 목으로 토해내는
사막을 걷듯 갈기갈기 갈라진 목소리

살짝 건드리기만 해도
봇물 터지듯 쏟아질 것 같은
그리움

지폐 한 장 볼 수 없는 모금함에
어둠이라도 내려앉으면
허공을 부양하듯 다리 휘청이며

뒷걸음치듯 내딛는 행보(行步)에
뿌연 도시가 버리고 간 넝마가
채이고 있다

무언(無言)의 빛

봄빛을 품은 나무를 닮고 싶어
겨우내 닦아놓았던 거울을 보았어
삭정이가 되어 버린 옛 친구를 생각하며
세수를 하고 화장도 했지

거리를 배회하는 성급한 봄기운은
얼굴을 점점 하늘로 향하게 하지만
끈질기게 따라 붙은 지난 겨울의 그을음이
서투른 걸음을 재촉하곤 해

기억 속에 저장된
울 수 없는 메아리만이
저 높은 언덕을 오를 수 있고
뜨거운 기운을 내 뱉을 수도 있어

한 움큼의 행복이라도
내 것으로 받을 수 있다면
천금보다 더 귀한 마음 구름에 담아
무언의 빛으로 답할 수 있을텐데……

재생

흔들리는 소음을
귓가에 매단 채
시간을 쪼개는 수고도
빛을 잃었다

삶의 갈피마다
꽂아두고 볼 수 있는
붉은 꽃잎이 있다면
그보다 더 붉은 울음을
삼킬 수 있을 텐데

내리는 소나기 밖에서
난
촉수를 잃은 한 마리의 벌레가 된다

기억의 저편에 숨을 멈추게 하는
네가 바라본다

새벽을 기다리며

어둠은 새벽을 기다리는 중
낮의 열기는 땅 아래에서 숨죽이고
세차게 쏟아 붓던 하늘폭포는
말간 별빛을 선물한다

잠들지 못하고
거니는 기억의 저편에는
마무리 못한 아쉬움이
스멀스멀 기어오르고
쉴 새 없이 울어대던 풀벌레도
숨죽여 코를 곤다

이제는 돌아누워 눈물을 보이지 않아도
좋다
이제는 숨죽여 끄억끄억 울지 않아도
좋다
어둠을 날아오르다 오르다
깜빡 잠이 든다

사람이 사는 법

이렇게 사는 것이다 사람은
365일 해가 돌을 때마다
새로 곱게 지은 맘을 도닥이며

이렇게 사는 것이다 누구나
소박한 인연과 마주 웃으며
풀어내는 고운 실타래

이렇게 사는 것이다 나는
작은 그늘 빛에 발그레
오색 무지개 하늘 채우며

그렇게 오늘도
한 발자국 내딛는 시작
메마르지 않은 삶을 위하여

나는 아무 것도 모릅니다

나는 아무 것도 모릅니다
다만
보이지 않는 당신과 호흡하며
내가 잊고 있어도
내가 잠을 잘 때에도
하물며 세상 밖으로 뛰쳐나가려 할 때에도
묵묵히 내 손 잡고 있다는 것은
알고 있습니다

나는 아무 것도 모릅니다
다만
여린 연두빛 잎사귀들이
보드랍고 촉촉한 얼굴로
말라버린 손등에 입맞춤 하면
당신은 내 마음에
눈물 한 방울 떨구어
맑은 햇살을 길어 올린다는 것은

알고 있습니다

나는 아무 것도 모릅니다
다만
뜨거워진 몸뚱이
식히지 못해 헤매며
어제의 그물에 걸려 허우적거릴 때
당신은 묵묵히 쉴 곳으로
어서 오라 부르신다는 것은
알고 있습니다

나는 아무 것도 모릅니다
그러나
당신의 자녀로
당신의 그늘 아래서
당신이 보내주신 빛을 따라
살아가고 있다는 것만은
알고 있습니다

길 위에서 헤매다

길 위에
낯선 바람이 동행한다
생각의 늪에 빠져
동공이 정지하고
나뭇가지의 흔들림은
누가 부르는 장송곡인가

길은 끊어지고
바람은 이미 등을 돌렸는데
온 몸이 마비된 목각인형처럼
시간을 붙들고
묻은 한을 꺼내려 한다

살아있다는 것이
모두에게 행운은 아니다
끊임없이 날갯짓하는 새들의
안식을 찾아서

구름을 잡아매고 오를 수 있다면
썩어진 동아줄이라도 잡으련만

끊어진 길은 다시 이어지고
등 떠밀려 사는 삶도 이어지고
생각들은 삭제된 채 빈껍데기만 남아서
흐느적흐느적 거리를 헤맨다

사막 위에서 갈 길을 잃다

사막에 서 있다
회벽으로 둘러 친 무표정한 그늘
차디찬 바닥에
발을 디밀고 서 있다
오아시스를 기대한다고?
천만의 말씀
한 모금의 생수는 말라 버린 지 이미 오래

사막에 서 있다
잠겨 진 문을 열어보려하지만
문조차 존재하지 않는
끝없이 돌고 있는 미로 뿐
마중물이 되자고?
천만의 말씀
이미 갈라져 거북등이 된 논바닥인 걸?

사방이 가시 떨기나무

둘러봐도 모래바람 뿐
돌아오지 않는 메아리만 헛도는
쉴 곳이 없는 곳

그거야 당신 사정이지
한마디 말도 물기 없는 가시 사막
그 가시에 찔린
깊은 상처를 끌어안는다

거리는 공사 중

뜯어내고
파고 뚫고
뚝딱뚝딱
드르륵드르륵
거리는 오늘도 공사 중
어제의 모습은 찾을 수 없다

원형을 상실한
복제인간들의 활보
세우고, 자르고, 깎고 다듬어
공장에서 출시된 인형처럼
낯선 미소가 온통 거리를
방황하고 있다

빛바랜 사진 속을 더듬어
내 모습을 찾을 수 있을까?
메뉴를 보고 주문만 하면

입맛에 따라 매스가 춤을 춘다

나는 어디에 있나?
내가 아닌 나를 돌보기 위해
거울을 본다

하루

밤새 충전기에 꽂아놓은 하루가
새날로 찾아 온 아침

째각, 째각, 째각,
스톱워치를 누르고 오늘을 산다

빼곡히 나열된 24시간의 더듬이는
멈출 줄 모르며
회전하는 두뇌만큼 어지럽고
2분의 1박자로 내쉬는 호흡과
엇박자의 발걸음은 살아있음이다

어둠은 저승사자처럼 슬며시 다가와
네온사인 밖 우주의 별빛을 거두고
무거운 어깨를 들썩이며
방전된 허수아비는 귀환중이다

하루는 가고 내 몫의 삶도 짧아져 있다

네모난 세상

세상은 둥글둥글
달도 해도 둥글둥글
우리네 얼굴도 동글동글
잘도 굴러간다

둥그런 호수 속에는
동그란 물고기가 헤엄을 치고
삐죽삐죽 솟아나는 가시들을
뚜우뚝 잘라내고 있다

세상은 빙글빙글
회전 그네처럼 잘도 도는데
난 땀을 뻘뻘 흘리며
네모난 바퀴로 된
시간을 끌고 있다

소리 없는 외침 [手話]

늘 파르스름한 새벽이다
막 출가한 비구니의 눈망울이 담긴
산사의 적막함

눈을 감아야 들리는
강물의 노래와 풀잎향의
어우러진 행진곡

살얼음판에 올라 선듯 위태롭다

꿈꾸는 세상을 찾아
열 개의 손가락은 허공에서
추상화를 그리며
진실을 쏟아 내려 하고

녹담(綠潭)의 눈빛은
너를 향하지만

그저 고개를 저을 뿐
싸늘한 웃음이 재를 넘는다

무성영화에 나오는
초로(初老)의 배우처럼
온 몸은 땀으로 젖어 들지만
작은 미소를 만들어 내기에도
수백 번 수천 번을 울어야했다

우리가 보여주려는 세계는
관객 없는 무대의 판토마임
넘어지고 찔려도 다시 일어서서
소리치는 함성
쉼 없이 온 몸으로 뿜어내는
어눌한 외침이다

하루살이 인생

새벽 한기로 시린 낯
가늘어진 목덜미에 묻어 숨기고
간밤 별빛 소리에 잠을 설친
핏발 선 두 눈이
두런두런 분주하다

찌그러진 가방만큼 구겨진 자아가
타닥타닥 다 타버린 잿더미 속
한가닥 불씨를 찾을 때
끝내 나는 선택되지 않았다

덩그라니 남겨진 외로움이
버려진 또 하루의 시간들을
목구멍에 가득 찬 가래와 섞어
세상을 향하여 탁 뱉어 보지만
갈 곳이 없다

김이 모락모락 나는 국밥집 앞
서성거리던 위장이
빈주머니보다 앞서 꾸르륵 거리고
빈 배로는 녹일 수 없는
꽁꽁 얼어붙은 초겨울 뒤로하고
벌써 봄을 기다리고 있다

삶의 문장부호

새벽부터 늦은 밤까지
하루를 사는 노동자에게
때로는 필요한 쉼표

앞으로 앞으로만 달리다
황혼을 맞이한 이에게
때로는 필요한 되돌이표

참된 삶이란 무어냐고
끊임없이 되묻는 이에게
때로는 필요한 물음표

슬퍼도 울지 못하고
기뻐도 웃지 못하는 이에게
때로는 필요한 느낌표

한평생 후회 없이 살았노라

평안과 안식을 원하는 이에게
때로는 필요한 마침표

지금 내게 필요한 것은?

인생행로(人生行路)

살다보면
늘 직진만 할 수 없지
가속도로 달리던 고속도로
갑자기 던져진 장애물에
급브레이크를 밟을 때도 있고
오물덩어리를 피해
살살 우회전을 할 때도 있지
그러다 깜박이 켜고 긴 시간 기다려
좌회전을 할 수도 있고
때로는 후진할 수도 있지

살다보면
교차로를 만나
어디로 가야할지 신호등의 끔벅거림만
바라보기도 하고
차선을 잘못 들어
헤매일 때도 있지

일찍 깨닫고 유턴을 하면 다행이지만
너무 멀리 와서 돌아가기에
시간이 많이 걸리는 때도 있어

살다보면
가속 페달을 밟고
언덕을 오를 때도 있고
브레이크 밟으며
급경사를 내려올 때도 있지
헤드라이트 켜고
긴 터널을 지날 때도 있고
폭풍우로 윈도우 브러시와 춤을 출 때도 있어

살다보면
목적지와 다른 낯선 곳에
머물러 있을 때도 있고
지름길을 두고
먼 길로 돌아올 때도 있지
그러나 때로는
잘못 들어선 길이
탁 트인 바다로 데려와
마음을 위로하기도 한단다

우리의 삶은
운전하는 우리의 몫
우리가 어떤 길을 가더라도
목적지에 도달할 수 있는
자신의 길을 갈 수 있다면
우리는 성공이라고 말하지
누군가가 기대어 편히 쉴 수 있는
목마른 이에게 생수를 줄 수 있는
그런 삶이면
도착지가 어느 곳이라도
잘 온 것이다

거꾸로 흐르는 시간

머릿속이 비어간다
뇌세포는 하나 둘
삭제가 진행 중

어둠을 녹인 바다는
제멋에 겨워
바람과 굿거리장단
갯벌은 파도와
줄다리기중이다

잃어버린 시간을 세어본다
무의식 너머 아이는
장난감 시계를 가지고
이리저리 바늘을 돌리고 있다

하루, 이틀, 사흘이 사라지고 있다

새벽은 쉬이 오지 않는다

산이 밤새 품고 있던
거대한 어둠은
밑바닥에 웅크리고 있던
한숨을 다 뱉어낸 후
묶였던 끈을 풀어주곤 한다

강이 밤새 품었던
너른 어둠은
심장 맥박 소리에 맞추어
잠자던 영혼을 깨워
한줌씩 덜어내곤 한다

불빛으로 밤새 자기를 지켜온 형상들이
맨 얼굴로 피곤한
아침을 기다린다

어제처럼

출발

굳게 닫힌 빗장을 풀고
어둠이 빠져 나가고
그 자리에 빛이 들어오면

안개 속 잠이 덜 깬 나무는
가지에 걸친 구름을 잡고
부지런한 새를 후드득 날려 보낸다

일으켜 세운 뼈마디에선
삐걱 소리가 육신을 채찍질하고
고단한 삶의 상흔이
넝마처럼 널브러진 새벽

오늘은 심장 아닌 허울로
하루를 시작해야 하는가?

악몽

검은 도화지에 붉은 펜으로
밤새 그림을 그렸다

얼굴 없는 누군가에게 쫓기다가
길이 끊어져버린 낯선 산에서
소리 없는 비명을 지르며 길을 잃고 헤매다가
끝도 모르는 구렁텅이로 추락하다가
하얀 재가 되어 하늘로 오른다

땀이 흥건하다
안도의 한숨보다
실마리를 잡으려 필름을 거꾸로 돌려본다

불길한 징조를 뱉어내고
긴 머리의 물기를 털어내듯 자동 삭제를 누른다

개꿈이야

시간이 흐르면

새봄 황홀한 감격으로
태어난 신생아들이
가을
모체를 떠나 빗자루에 쓸려 포대자루에 담겨도

감탄의 알맹이를 터뜨린 환호성에
붉은 피울음 우는 단풍들이
늦가을 눈물 같은 비에 젖어 밟혀도

다 떠나고 빈 가지로 남은 나목들
가릴 데 없이 찬바람에 꺼억꺼억 밤새 울어도

하늘을 바라며 살 수 있는 것은
그들을 감싸 안을 첫눈을 기다림이다

시간이 흐르면
모두가 따라 흐를 수밖에

지금은 충전 중

3박 4일의 휴식
긴 수면
무의식의 세계
밑바닥까지 뿌리 내린
촉수가 기억을 잃었다

온몸의 말초신경들이
무기한 휴직에 들어가고
살아 있는 증거는
심장의 박동소리 뿐

지금은 에너지 충전 중
접근 금지, 면회 금지
똑딱똑딱
재깍재깍
기계음조차 볼륨을 죽이고

하루, 이틀, 사흘, 나흘

바짝 말라 갈라진 틈 사이로
기(氣)가 솟아나고
숨이 돋아난다
가슴은 촉촉해지고
풀어진 사지는 피돌기로 탱탱해지고
드디어
다시 살아났다

새벽예찬

서둘러 일어난 새벽공기
밤새 비어있던 공간을 채우고
두두비 뚜뚜뚜
삐루룩 삐룩 찌리릭 찍찍
서로 다른 언어로 아침을 부른다

소나무 사이로 오르는 해는
갓 생성된 이슬로 배를 채우려는 듯
호흡이 길다

맘껏 창공을 나는 새들과
새장에 갇혀 있는 새들
밖을 내다보는 세상과
안을 들여다보는 세상

잘 가꾸어진 정원의 수목들은
열중쉬어 하고 얼굴을 내미는데

낯선 곳에서
아무도 만지지 않은 하루를
빼곡히 열어 본다

도시에 비가 내리면

물이 도시를 삼킨다
벌컥벌컥 갈증을 채우듯
황톳물이 누런 이를 드러내고
역류(逆流)하고 있다

뿌우연 시야 밖
미치광이처럼 춤추는 윈도우 브러시는
어제를 지우려하고
물이 나를 마신다

거리의 소음을 빨아들인 흡혈귀처럼
물안개 속으로
저벅저벅 여름이 가고 있다

씻겨진 도시는 어느새
밤새워 충혈된 눈빛으로
꾸벅꾸벅 졸고 있다

폐업 신고

늘 봄은 아니다
어제까지 화려했던 꽃향기는
시들은 채 싸늘한
주검으로 나뒹굴고

반짝이던 햇살 누운 창가에
나란히 앉아 눈을 맞추던
추억의 카페는
낯선 이방인의 쉼터가 되었다

새 주인은 좀처럼 나타나지 않고
어둠이 장악해버린 도시에는
수신자 없는 전화벨만
길을 찾아 헤매고 있다

제2부

시로 쓴 현장 취재

비오는 날에

회색빛으로 덧칠한 도시
하품을 하는 한낮의 권태

헤드라이트를 방사하며
석유 먹고 취한 갑충(甲蟲)들이
광란의 질주를 한다

창은 촉촉이 우수에 젖고
권태가 뽑아낸 생각의 거미줄들이
집을 짓는다

나는 한 마리 거미
권태를 포박해 놓고
집 주인이 된다

우도 연가

바람과 돌과
산호 백사장
에메랄드빛 바다
소를 닮았다는 섬 우도

낯선 자를 반겨주는
거센 파도와 비를 삼킨 구름
가슴 가득 안겨오는 환희

막 바닷물을 길어 올린 해녀의
주름진 미소 속에 깃든
강한 어미의 소원이
찝찔한 망사리 너머 출렁인다

소원을 하나하나 쌓아올린
돌탑 사이로
하루 두 번 비양도 등대는

외로운 섬 되어
너른 바다에 출산하는
사랑을 부른다

갯벌 정담(情談)

빗줄기 사이를 달리는 강한 바람은
70평생 바다에서 살아온
아비의 시름을
갯벌 위에 새기고 있다

바다와 하나가 된 하늘이 으르렁 거리고
잠결에 물을 놓쳐버린 숭어 떼의
헐떡이는 몸부림은
도시 사람들의 호기심을 채운다

알록달록 우비의 행렬이
침묵의 갯벌에 감탄사를 찍을 때쯤
칠게와 밤게, 몸서리치며 하늘을 본다
물때를 기다리며……

바다가 갯벌을 안는다
천천히, 점점 더 빠르게

바람은 짭쪼롬한 목소리로
어부가를 부르고
밤새 갯벌의 속삭임이 들린다

빈 바다에서

늦여름 목이 쉬도록 울던 매미는
가을비를 부르는 찬바람에
하늘로 오르고
지리한 장마와 폭염의 잔해가
넝마처럼 널브러진 해안가에서
난
밤새 몸살 앓던 파도를 안는다

낯선 이의 빈 시간을 채우는
모래위의 흔적은
지워진다고 잊혀지지 않는 것을
숨 가쁜 호흡으로 건네주고
가슴 밑바닥까지 파랗게 물들인
바다는 그렇게 그곳에 서 있다

어둠이 내린 바다
한 점의 망부석이 된 기다림의 시간은

한 해를 거르고 걸러도
지켜지지 않은 약속

멀리서 등대불이 나를 비추기 전
어서 등을 돌려야겠다

길을 걷다가

길을 걷다
길 위에 새겨진 이름을 본다
비바람에 깎이고 닳아 희미해진
잊혀진 이름 세 글자

어디 쯤 가고 있는지
부끄러운 허물의 무게 벗어 버리고
이제는 편히 쉬고 있는지
아직도 얼룩진 흔적을 지우고 있는 중인지

길을 걷다가
낙엽처럼 흩어진 이름을 본다
누구인지 어디에 머무는지
알 수 없는 이름 세 글자

가만히 주워본다
그와 동행했던 사연들이

끊을 수 없는 시간에 목을 맨 채
그림자처럼 따라 온다

새겨지고 지워지고 잊혀지는
수많은 이름들은
부식된 채 떨어져 나와
한걸음씩 발자국으로 찍히고 있다

한강 · 1

새벽안개 덮고 깨어나는
희미한 능선 위로
하루치 태양이
벌겋게 강물을 데운다

팔당대교가 점점 무거워질 무렵
잠자던 소리 하나 둘 살아나
무언(無言)의 메시지로
강물을 거슬러 오른다

땀을 쏟는 거친 숨소리
길 위 바람처럼 지나칠 때
싸늘한 심장의 고통을 넘어
일어서라 부추긴다

건져 올린 시간을
맛깔나게 요리할 시간
하루의 시작이다

한강 · 2

새벽안개는
산과 나무와 강물을 품고 있다

지난 밤 폭우로 쓰러진 나목
벌겋게 드러난 생명줄 움켜쥐고
목숨을 이으려 발버둥 친다

새벽은 깨우려 하지 않아도
산 그림자를 업고 온다
저만치 하루의 일과도 숨이 가쁘다

숨소리 가빠지면
한강은 리듬에 맞춰 춤을 추고
앞산을 품은 채
하얗게 태어나는 아침

온 몸으로 비집고 들어온 새 생명
물내음이 새롭다

한강 · 3

바람이 서쪽으로 분다
강물도 서쪽으로 흐른다
예봉산 골짜기마다
잠이 덜 깬 구름이
널브러져 하품하고

철새들의 힘찬 기지개로
비어있던 강물이
소란스러워지면
하루의 시작이다

새벽바람을 타는 거미
이제 출고 된 햇살 세례에
시간의 사다리를 오르고

팔당대교
정지된 그림 속의 역동

밤사이 묵은 찌꺼기 걸러내어
재탄생중이다

어제의 내일이 시작된다
카운트다운을 세며……

한강 · 4

밤새 복면하고 강가를 서성이던
어둠이
산그늘에 밀려 숲으로 숨어버리면
산은
강을 거울삼아 얼굴에 덧칠한
밤을 닦아낸다

닦아낸 얼굴에 피가 돌면
바다로 향한 발걸음 재촉하며
강은 행보(行步)를 서두른다

지켜보던 여인 하나
아침을 건진 강을 등으로 배웅하며
걸쳤던 물비늘 털어낸다

저녁노을

붉은 불덩이 토해내고 있다
초저녁 하늘이 열리고
신세계

파도가 일고 폭풍이 불고
구름이 만든 섬
또 다른 미지의 땅
신이 만들어 낸 창조의 빛

소리를 삼켜버린 고요
두 눈을 잃은 시인처럼
가슴을 헤치고 불덩이를 받아들인다

이글거리는 태양의 순환
그리고 소멸
남겨진 시간은
찬란한 함성 뒤에 사라진다

볕바라기

겨울외투를 벗지 못하고
애벌레처럼 웅크린 채
창밖을 내다본다

따스한 바람은 오지 않았다고
어쩌면 지나쳤을지도 모른다고
주머니에 담겨진 두 손은
꺼낼 의사가 없다

피어오르는
사춘기 소녀의 젖몽오리처럼
변신을 꿈꾸고 있는 나무는
시간을 재촉하는데

기다림으로 굳어버린
망부석처럼
마음에 빗장 하나 걸어놓고
세상 밖으로 나가버린 볕바라기

새와 나무

도심 속
가까이 새가 운다
살며시 다가가니
새는 없고 나무만 허허 웃는다

나무는 올려다보는 만큼 자란다
눈속임 없이 하늘을 바라며
날개를 달고

새 소리는 나무로 호흡하고
마음을 여는 빗장
내일을 꿈꾸는 원동력이다

내게 다가온
어린 새의 날갯짓으로
바람을 머물게 하는
나무가 되고 싶다

태종대에서

밤새
밀어내면 다가오고
다가오면 밀어내던 너
파도였을까?
그리움이었을까?

회색빛 출렁임으로 누워
밤새 잠 못 이루고 걸러 낸
하얀 언어들이
자갈돌 위에 흰 이를 드러낸 채
흔들리고 있다

바람이 분다
가슴 가득
성난 그리움으로
너는 이제 떠나려한다

하늘과 하나가 되는 그곳에서
너를 만날 수 있다면
하얀 가슴 도려내어
바칠 수 있을 텐데

여름의 흔적을 지워내는
빈 바다에 서서
지워도 지워도 지워지지 않는
하얀 언어를 던져본다

초파리

썩어 들어가고 있다
숨 쉬는 만큼
더 빠르게

더위가 가지고 온 축복인가
저주인가
숨 고를 사이 없이
늪 속으로 빨려 들어간다

질긴 생명으로 날아들어도
긴 입술로 수액을 빨아도
시간 앞에서 당랑거철(螳螂拒轍)인생

여기 저기 기웃대며
악취 풍기는 장터를 찾아
한판 신명나게 놀아나 볼까?

뒤가 구려 입막음하다 들켜버린 김 아무개와
단내를 맡고 몰려드는 하루살이 기자들
쫓고 쫓기는 전쟁터
초파리보다 나은 게 있을까?

* 당랑거철(螳螂拒轍) :사마귀가 앞발을 들고 수레를 멈추려 했다는 고사에서 유래한 말로, 자기 분수도 모르고 무모하게 덤빔을 비유적으로 이르는 말.

청태산 자연 휴양림

바위 이끼 위에 살포시 앉아
해바라기하는 모데미풀
연방 터지는 셔터소리에도
물속에 고운 발 담그고
방실방실 웃고 있다

물소리에 씻기고 씻겨
더 이상 씻길 것 없는 하얀 마음
비우고 다 비워
아무 것도 덜어낼 수 없는
빈 가슴으로 묻고 있다

너는 누구냐고?

몇 년을 더 아파야
둥글어질 수 있을까?
시름 녹여낸 물소리가 빈 가슴 속에

들어와 머문다

낯선 자의 발길 거부하는
연녹색의 이끼사이로
물안개 물 피고 지는데
꿩의 바람이
꾸벅꾸벅 졸고 있다

* 모데미풀과 꿩의 바람꽃은 야생화 이름임.

인사동 거리

늦은 가을 자리
어제보다 짧아진
하루의 길이가
낙엽에 실려 구르고

어둠을 벗삼아
지표없는 조각배처럼
무중력의 허공을 떠다니다

문득 들리는
옛 은사님의 허허로운 웃음이
향그러운 대추차에 담기면
인사동은 비로소 품에 안겨
고향이 된다

동명항에서

하늘은 성난 바다 속에서 넘실대고
올가미를 빠져나가지 못한
부두의 배들은
파도의 유혹에 몸서리치며 신음한다

갈매기마저 외면한 채
검붉은 허공을 가르는 빗줄기
빈 바다에 잠긴 산 그림자
설움을 떠나보내고 있다

어디쯤일까?
바다와 하늘이 맞닿은 곳
하늘과 물이 하나가 되는 곳을 바라보다
아수라장이 된 오장육부

짠 바람이 눈물에 섞여 바다로 가면
오욕에 찌들은 내 육신 깨끗이 비우고
나는 또 바람이 된다

거리에서

네모난 어둠이 내리던
그곳은
낯설지 않은 이국땅

헝클어진 네온사인의 출렁임이
하이에나처럼 거리를 헤매고
부유하는 무동력의 동공이
가리키는 곳은
시간이 멈춰버린 땅

흑백 필름이 찍어낸
과거의 흔적을 헤매다
데칼코마니로 꾸며진
기억의 신세계를 더듬는다

거대한 빌딩들이 위태롭게
조각난 하늘을 받치고 서 있다

안개 기행

두물머리 휘돌아나오는
새벽바람은
밤새 품었던 물안개와
사랑을 나누고
능선마다 비에 젖은 구름
헐떡이며 설매재 고개를 오른다

못다한 사랑의 미련이
꾸물꾸물 배너미를 넘을 때
삐릭삐리릭 산새소리
물젖은 까마귀
홀아비 꽃대를 지킨다

관창의 삭힌 아픔
보라색 초롬 꽃대로 피어나고
죽어서도 못 이룰 비련의 사랑이
눈물처럼 맺히는 산안개

* 각시붓꽃에 얽힌 이야기로 관창과 무용의 아름다운 사랑을 담고 있음.

빈 산

갈잎을 다 떨구고
까까머리 바위 위
매운 바람을 떠밀어내고 있는
갈까마귀떼

서그럭거리는 낙엽의 마른기침과
노을에 그림자 적시며
산은 허허로이 울곤 했다

아무도 찾지 않은 발길 끊긴 빈산
발소리라도 마른 가지에 걸리면
화들짝 놀라 달아나는
배고픈 산짐승의 자취에

나는 산이 되고
산은 어느새 내가 되었다

검단산에 오르며

폭우에 낙인 찍혀
허연 속살 드러낸
쉰 살의 소나무 한 그루
여름앓이에 지친 이파리들
서둘러 떨구고 있다

인적이 끊긴 산허리를
보드라운 손 끝 바람으로 보듬다
숨소리가 거칠어질 때 즈음
그루터기 찾아 호흡을 정돈하면
가슴 가득 채워진 산

이웃 삼아 사귄 인연으로
상념의 그림자 매어달고
발걸음 놀려 찾아오면
새 소리, 물소리 어느새 자리잡고
신세계가 열린다

그리움의 여백

새벽을 여는 안개의 움직임
어둠에 육신을 놓았던 자리가
슬금슬금 일어나고 있다

시간은 흔적만 남기고
앞날을 재촉하지만
덜컥 심장이 멎을 정도의
그리움을 지우지는 못한다

하늘을 날아오르는
겨울새의 불협화음이
의암호에 물결무늬를 지어 입히고
날아오르지 못한 나는
작은 구름이 된다

그가 남겨둔 세월의 모습은
어색한 손짓하나에도

의미를 조각하고
퇴색해 버린 사랑 따위는
말라버린 가지처럼
춥기만 하다

아버지의 고향

살아 온 시간보다
잊고자 했던 하루가 더 길어질 무렵
잠깐씩 맛보여 준 북녘의 단비 소식은
눈물로 갈라진 가슴
해갈(解渴)하기에는
안타까운 위선이었기에
애써 외면하고야 말았습니다

밤송이 익어 툭툭 떨어질 때
누런 들판을 빈 바람 되어 거닐다가
하늘 아래 두 동강난 핏줄 움켜쥐고
산천을 거꾸로 거꾸로 더듬으며
참아왔던 설움이 불을 뿜어냅니다

평안남도 강서군 수산면 가현리 586번지
아버지의 고향,
쌀 한 말 등에 지고

자유 찾아 꺼이꺼이 넘어 온 길

시간만큼 변색해 버린 기억 속 할머니는
아직도 손짓하며 웃고 있는데
아버지는 오늘도 되돌아보며 울고 있습니다

점점 굳어져 가는 휴전의 길목마다
남겨둔 이정표 녹슬어 무너져 내리는 데
꿈속에서 찾아 간 고향 집 언덕에는
떠나온 그날처럼 찬바람이 불고 있습니다

아버지는 오늘도
기약할 수 없는 현실 속에
한 가닥 파닥이는 생명줄을 잡고 있습니다

엄마, 나의 엄마

새벽 공기 아직 차가운데
어둠 속 잠든 길 위에
작은 발자국 남기며
기도하러 가시는 엄마

평생 가슴에 품은 삼남매
걱정과 염려
주렁주렁 짊어지시고
십자가 앞에 엎드려
어제도 흘린 눈물 쏟아내신다

걸어오신 발자국마다
조근조근 살아 숨 쉬는
아픔의 흔적들
애써 누른 배움에 대한 갈망
팔십 다 되어서야 수줍게 내보이신다

치유되지 못한 상처들을
이제는 깨끗이 도려내어
하늘 십자가에 올려드리고
편안한 숨소리 빚어드리고 싶다

너를 보내며

빈 가지를 채운
하늘자리에 멈추어
너를 보낸다

어느새 너는
굴레를 벗어버리고
가벼워진 몸으로 날고 있는데

난 놓쳐버린 한 마디 품고
되새김질하며
하루를 보낸다

너는 늘 거기에 있는데
네가 떠난 후
너를 스쳐 보낸 후
남겨진 껍데기를 품고 숨이 길다

어둠은 쉽게 내려앉고
잡히지 않는 허공을 더듬거리다
내 안에 들어온
새 한 마리를 본다

네가 왔다

통증의 미학 · 2

마냥 하늘로 날아오르고 싶었지
맑음 뒤에 흐림, 그리고 비
예정된 일기예보처럼
지옥까지 내동댕이쳐지는
날들이 계속되면

감기지 않는 눈을 뜨고
늪 속으로 빨려 들어간다
블랙홀
하나 둘, 하나 둘,
더 이상 앞서가지도 물러나지도 않고
그 자리를 물매암처럼 맴돌 뿐

심호흡
꺼져가는 골(骨)에 푸른
산소를 쑤셔 넣자
빗장 걸린 입을 억지로 벌리고

허공에 분산된 자유를 흡입하자

스르륵스르륵
끈적끈적한 손이 목을 조이고
파라다이스를 꿈꾸다
깜빡 잠이 든다

통증의 미학 · 3

시작이다 역습
내려놓고, 비워보자
약속을 어긴 댓가

거대한 바위를 짊어지고
프로메테우스의 심장이 되어
두 손 들어 항복하고 마는 고통

바퀴벌레처럼 머릿속을
스멀스멀 기어다니는 독충의 시위에
숨을 죽인 채
복수의 칼날을 갈 수밖에 없는 무기력

독충의 무차별 공격에
번번이 후퇴가 방어가 되어버린
눈을 감아버리는 상실된 능력

세상은 늘 그렇지
만만하게 볼 수 없는 지구의 저편에
다른 나를 키울 수 없음이다

헌 누더기가 된다 해도
버릴 수 없으니 안고 가야지

되돌아보면 그리움이

하얀 도화지에 그려 놓은
시간의 흔적을 지우려다 들여다보니
그곳에는 유년시절 꿈이 있고
학창시절 그리움이 음각(陰刻)으로 새겨져 있다

무심코 지나쳐버린 50여년의 시간을
변명으로 하나씩 지우지 않아도
망각이란 이름으로 희미해져
삶의 건더기만 드문드문 걸쳐져 있다

지나온 흔적은 아픔도 아름다움이다
가난을 벗하며 살아온 어린 시절
순간들이 누렇게 바랜 일기장 속에 살아있다

삶은 하나의 완성된 퍼즐 작품
이미 절반은 완성되었다 시행착오도 있었지만
남은 생의 조각들을 하나씩 집어 든다
어떤 모습의 작품이 될지 기대하면서

위장(胃腸)의 반란

다 토해내고
다 쏟아낸다
어제까지 꾸역꾸역 삼켜왔던
욕망과 생존의 집착 덩이들
위장(僞裝)을 벗고 귀향중이다

표백제로 탈색된 기억의 한 조각들은
사막처럼 건조하고
그 길 위에서 쪼그라든
위장을 움켜쥐고 신음 중이다

숨 쉴 수 있기에

검은 먹물빛으로 채색된 방안
작은 십자가 불빛이 추위에 떨고
그곳에 가슴을 풀어헤친 네가 있다

너의 모습을 숨겨준 커튼 뒤에서
바라보는 도시는 시간을 잊은 듯
멈춰 있고

네 안에 곱게 접어버린
기억의 저 편에 손 흔드는
그를 만나는 날은
며칠 동안 속을 태우는 바람이다

또박또박 써 내려가는
원고 말미에
숨결 고운 네가 있음에
머리 들고 살 수 있다

마지막 호흡

내가 너에게 다가간 까닭은
내 안에 숨 쉬고 있는
가느다란 맥박을 확인하기 위함이다

좀처럼 녹지 않을 동토의 벌판에서
너의 호흡을 느낄 수 있다면
혈관을 타고 도는 365일이 지루하지 않을텐데

내가 너에게 다가간 까닭은
이제라도 움트는 새벽의 비상을
놓치지 않기 위함이다

꿈속에서

우거진 적송 숲에 서 있다
바람이 한사코 깃털을 꽂아
한 마리 새로 날으라 재촉한다

내가 날고 싶은 하늘은 어디일까

내일 올 것은
살아있는 날의 미래가 아니다
내가 날고 싶은 새로운 하늘이다

광성보에 시를 풀다

어미의 젖가슴처럼
보드라운 바람은
꽃망울의 탄생을 기다리며
두근거리고 있다

축제 준비에 들뜬
여린 이파리의 속삭임이
아빠의 웃음으로 답하고

쑥 캐는 여인들의 콧노래는
시인의 가슴 속에 찾아들어와
한 편의 시가 된다

호수를 닮은 바다에
포근히 안긴
광성보의 봄 햇살아래
고려군의 함성소리를 들으며
시를 풀어 놓는다

명퇴(名退)의 비애(悲哀)

23년 한 우물만 팠는데
기다리던 노다지 나오지 않고
낡은 동아줄 끊어져 버렸네

곁눈질도, 넘보지도 않고
오직 땀으로 일궈온 자리인데
명패는 엉뚱한 책상에 걸터앉아 희롱하고
붙잡아주는 이 없는 빈 공간을
찬바람이 어서가라 등 떠미네

넓은 바다를 무대삼아 헤엄쳐 다니던
명태가 명퇴를 하니
이른 봄볕에 바짝 말라 북어가 되듯
나이보다 더 늙어버린 자아(自我)가
쪼그라드는 육신을
외면하며 숨어버린다

누렇게 찌들은 지하도 한켠에
쭈그리고 앉아
하늘 끝에 매달았던
왕년의 나를 내려놓는다

따갑게 넘기던 소줏잔
피 토하듯 뱉어버리는
눈물도 사치인가?
어둠 속 바람이 지린내를 풍긴다

제3부

계절로 길을 내어

봄날에

열린 창 위로 씻겨진 하늘이
악몽을 잠재우던 날
피울음 삼키던 자줏빛 목련이
오무렸던 입을 열어
빈 육신을 날려 보내고 있다

짧은 외침이 푸드득 날개를 달고
깊은 물속을 헤엄쳐 하늘로 오르던 날
이별을 준비하지 못한 채
발만 동동 구르던 어미들은
실오라기 빛을 잡고 주문을 외고 있다

숨죽이던 갯물의 울림이 굵어지고
녹음을 꿈꾸는 신록의 숨소리는
한 뼘씩 자라나는데
상실된 시간 속에 빛나던
찬란한 봄은 소멸되어버렸다

새봄

새로 태어난 신생아
시간을 세며 걸음마하는
바람의 속삭임에
기지개 펴는 외침
올해도
행운이 찾아왔다

봄이 오는 소리

어둠에 젖은 물이 뚝뚝 새어나와
그 틈새로 하얀 날이
기지개 켠다

생명을 잉태한 가지 끝에
매달린 물방울의 낙하로
비상을 꿈꾸는 새벽

바람의 애무에
홀씨에 걸터앉아
신세계로 여행을 떠난다

숨 쉬듯 찾아온 까치소리에
마중 나가지 않아도
향기로운 색으로
시샘 추위로 손짓한다

봄이다

봄의 길목에서

새롭게 만들어진 형상으로
숨을 이어가고
또 다른 세상을 꿈꾸며
하얀 언어로 시간을 한 올씩 엮어낸다

인색한 봄볕은
목마름으로 나뭇가지에 잠시 머무르고
달력의 숫자를 한 자씩 넘기며
기다림으로 목이 길어진다

언제쯤 너를 편하게 안을 수 있을까?
50여 년이 넘도록
두근거림으로 얼굴이 붉다

봉오리 속에 숨겨진 탄생의 세레머니에
빙그레 웃는 아침
봄이 오고 있다

봄을 기다리는 여심(女心)

회색빛 자투리 태양이
매달려 있던
잔설이 누워 있는 들판은 어느새
설레임으로 들썩이는 가쁜 숨결이다
창밖으로 보이는 하늘은 맨얼굴로
맑게 걸러 낸 정화수 떠 놓고
생명을 달아준다

빗물의 꼬리 잘린 채찍질에도
연두빛 얼굴 내밀고
또 다른 잉태를 꿈꾸고 있는
배신당한 계절

바랜 옷 벗어버리고
봄볕 가득한 언덕에 앉아
심장 고동을 세어보자
살아있는 환희로
저만치서 오는 봄을 맞으며

봄빛 향연

연두빛 보드라운 얼굴에
입술을 대면
겨우내 모진 바람 이겨낸
어린 풀잎의 향기

손끝을 적시는 촉촉한 입김은
세상에 대한 환희
속삭이는
무언(無言)의 손짓

바람이 분다
따스한 숨결을 잡으려는
아가의 볼처럼
가득 눈에 들어 온
봄날의 정경(情景)

눈을 감고

햇살을 가득 담아
밑바닥에 남아 있는
마지막 설움을 몰아낸다

봄은 오는가?

연일 낮아진 도시에
하이톤의 웃음소리
바람에 흔들려 쏟아져 구르는 아침

삶의 기호 빠진 이야기들이
누렇게 거품 빠진 맹물로
적셔진 거리 위를 빠져나간다

무언의 가르침이라도 받았는지
쏜살같이 사라지는 거미와 같이
육신의 해탈을 꿈꾸는 소나기같이
공간이동 중이다

기억속의 행로는 도로공사중
포위당한 시선에
우물쭈물하다
하얗게 날아가버린 육신의 봄
언제쯤 봄은 오는가?

떠나가는 꽃잎

떠나는 이 눈물을 대신 하듯
하루 종일 비가 내리고
떠나는 이 쉽게 가라고 등 떠밀듯
오늘 바람이 분다

생(生)을 가르는 이승과 저승
어느 쪽이 꽃밭일까?
미지(未知)의 저편으로 떠나는 이의
영정 속 맑은 미소가
꽃으로 피어날 수 있을까?

각골지통(刻骨之痛) 내려놓고 편히 쉬라고
잡았던 손 놓아주지만
혼자 가는 길 외로울까 뿌려놓은
하얀 국화 꽃잎마다
통곡이 되어 비에 젖는다

살구 익어가는 소리

추위를 막아 낸
승리의 몸짓인가

발그레한 연 주홍 얼굴이
새색시의 수줍은 미소를 닮았다

시샘 바람에 눈물 되어 날리다가
하루 이틀 사흘 나흘
새 생명의 탄생
출산의 금줄을 단다

석양빛 품고
튼실한 무게로 자라더니
투툭투툭 바람소리에
성급하게 낙하한다

해 바람에 슬쩍 눈 흘기다가

세찬 장대비에
빈 몸으로 막아내다가
참을 수 없어
모조리 쏟아낸다

투두둑투두둑

새콤달콤
하나, 둘
쪼개져 버린 씨앗의 분노
그냥 돌아서 버린다

여름 명상

더위에 헐떡이던 나뭇잎도
매미의 애절한 구애에
귀를 기울이는 여름의 끝자락

갑자기 내린 빗줄기에
도랑물이 빠르게 깊어지고
쫄딱 비를 맞은 배롱나무 꽃들은
수줍은 얼굴로 눈을 흘긴다

시간은 불어난 물줄기처럼 잡을 수 없고
우리는 징검다리 위에 머무르는 길손일 뿐
보이는 것만큼 보이지 않는 것들도
잡고 있는만큼 놓치는 것들도 얼마나 많은가?

여름은 땀방울로 시간을 적셔놓지만
더 많은 추억을 차곡차곡 쌓아 놓는다
가을이 오기 전
한낮의 태양을 즐겨야 할텐데

매미의 하루

긴 장마로 단축된 생명
이른 새벽 함성이다
한방울 이슬 녹여 목청을 다듬고
두 발로 시간을 붙들고 있다

한 낮 더위를 갉아먹고
깊은 창자에서 뱉어 내는
기적의 사운드

때론 합창으로 때론 중창으로
마무리는 돌림노래로
시한부 인생을 즐기는
서러운 삐에로

어둠의 꺼풀을 벗어던지고
무너져 내린 나를 찾아
복받치는 설움을 시위한다
무심한 바람이 홑겹 날개를 스친다

장마

'장마전선 북상 중'
일기예보에 발이라도 맞추듯
빗줄기가 굵어졌다

매년 통과의례처럼
침수지역 보도에도 불감증이더니
강남역이 침수되었다며
뉴스 속보가 배로 뜬다

재산피해액을 산출하느라
앵커 입이 속도를 내고
수도 서울의 한 복판을 바다 삼아
외제차들이 부레처럼 떠다닌다

오물 섞인 황톳물은
성난 구름으로 호령하고
썩은 수도의 내장을 드러낸 채

구경꾼들이 몰려온다
보란 듯이 비는 그쳐 있다

내일이면
아무 일 없던 것처럼
남의 일이 되겠지
하루 만에 원상복귀

장마가 끝났다고 비가 그친 것은 아니다

장마가 끝났다고
비가 그친 건 아니란다
하늘에는 여전히
먹구름이 호시탐탐
진격 명령을 기다리는데
기다리지 못하고 탈피한
너의 외침을 못 들을 채
외면하지는 않을게

장마가 끝났다고
비가 그친 건 아니란다
햇볕의 조롱에
사지 벌려 해바라기 하는
너를 위해
잠깐 쉬고 있을 뿐이란다

벼락이 치던 날

하늘로 간 영혼을 위한 기도로
눈물을 삼키고 있을 때
너희들은 시간을 쪼개 날려버리고 있었지

유리조각처럼 반짝이는
대추나무 잎사귀는
너를 마취시킨 채 흔들고 있지만
아직 비가 그친 건 아니란다
네 울음소리를 즐기고 있을 뿐……

초가을 영상

가을을 여는 한강변
누가 그린 수채화인가
여덟 장 꽃잎의 하늘거림이
무한한 유채색으로
반겨주는 코스모스 물결

하늘빛은 강바람에 춤추고
해바라기보다 더 환한 미소로
사진 속 추억을 남기는 연인들
보랏빛 수줍은 부레옥잠
연못가에 살짝 발을 담근 어리연

아름다운 꽃밭에 지친 몸을 누이고
따사로운 향기로 피어나
흔들리는 꽃잎으로
너에게 담기고 싶다

나무가 되고 싶다

나무가 되고 싶다
품었던 새 생명 꼼틀꼼틀
출산하는 봄이 되면

나무가 되고 싶다
무성한 잎 가득 슬렁슬렁
바람 걸러내는 여름이 되면

나무가 되고 싶다
붉게 물든 부끄러운 욕심 뚝뚝
버릴 수 있는 가을이 되면

나무가 되고 싶다
다 내어주고 앙상한 몸으로
나를 볼 수 있는 겨울이 되면

나무가 되고 싶다
언제나 그 마음으로

가을이 보고 싶으면

가을이 보고 싶으면 숲으로 가자
아장거리며 혹은 성큼성큼
그곳에 그가 간다 바람처럼

가을이 부르면 서두르지 말고 숲으로 가자
한걸음씩 천천히 눈을 슬며시 감고서
그의 속삭임을
그의 따스한 손길을 느껴보자

가을은 흐른다
나이처럼 빠른 물살을 만나
맨몸이 되어 돌아보며
숨 쉴 때마다 늘어가는 이야기는
어제의 내 모습을 감추기 위함이다

서석대는 발바닥의 감촉만으로
그를 보낼 수는 없다

긴 여름 땀방울과 바람을 그리는
간절함이 섞여 있는 이야기

기나긴 해가 가고
도닥거리는 문설주에
정이 묻어든다

가을별곡

늦여름 매미가 남기고 간 한 줌 바람에
다투어 곁을 떠나는 길손들

태양 볕을 넋 놓고 쫓다
갈아입은 옷들을
훌 훌 벗어던지고 있다

내가 너의 무게로 남는다면
미련 없이 떠나겠지만
흔적이 갈피에 남아 손을 내밀어 본다

빗물에 젖어 짓밟힌 육신이
산산조각이 나기 전
빈 몸뚱이 라면
멀리 날아오를 수 있을까?

어둠이 거리에 뚝뚝 떨어져 내린다
너의 모습처럼

감이 익는 고향

쪽빛 바다를 닮은 하늘이
가을을 안고 온 날
울안에서 세월을 버텨온
감나무 한 그루
넉넉한 잎사귀 하나 둘 떨구더니
석양빛 감 주렁주렁 내어건다

그리움이다
떠나보낸 이를 기다리는 어머니의
삭힌 가슴이다

태양을 가리던 이파리
빛(色)으로 빚어낸 맑은 소리 달고
향수(鄕愁)를 노래하면
노을빛 감잎에 정성으로 올린 시구(詩句)
책갈피에 끼워
한달음에 달려가는 고향 언덕
그곳에 농익은 갈바람이 동행한다

늦가을의 외침

텅 빈 가지에
수액이 끊긴 마른 잎이
바람을 기다린다

다가올 하얀 계절을 예감한 듯
가벼워진 육신이
거리를 떠돌면

등 굽은 할머니의 집게질이
빈 마대자루 만큼 공허해 보이고
주름골마다 담긴 붉은 노을에

하루가 더듬더듬 걷고 있다

만추(晩秋)

수화(樹話)는 아니다
발성 없이도 말을 건네는
무위(無爲)의 말씀
지는 잎은 그런 언어다

잎을 떨쳐버린 나무들은
예외 없이 허수아비가 된다
텅 빈 계절을 지키는
파수꾼이 아닌
지킬 것이 없는
그저 나목이기 때문이다

가버린 계절 저쪽으로
발자국 같은 흔적으로
가슴에 새겨지는 낙엽

나목(裸木)

허공을 향한 외침은
이파리 안에 가려졌던
너를 볼 수 있음이다

어둠 속에서도 또렷한
상처와 흔적이 별빛 너머
위태롭게 서 있다

찬바람의 위로와
따스한 봄을 기다림은
벌거숭이의 독백

가지 끝 하나하나
별송이를 매어달고
그곳이 가리키는 정적(靜寂)의 하늘로
날고 싶은 소망을 키운다

매어진 채로

보여지는 대로
겨울이 가고 봄이 오고
여름이 가고 가을이 와도

지치지 않는 욕망의 그늘이
가지 끝에 머문다

설뫼

백두대간 오르다
길 위에 발이 묶이다
청잣빛 하늘이 바다보다 시리고
한 그루 나목에 연(緣)을 걸면
칼바람에 숨을 멈춘다

하얀 능선마다
승천 못한 이무기의 한이 꿈틀거리고
용솟음치며 호령하는 호기만장
그 곳에 삶의 무게를 내려 놓는다

겨울바람

마른 바람 품에 안고
흩어진 발자국 감추며
함께 가자 한다

동행자 하나 없는
빈가지 끝 서쪽 하늘
혼자가 아닌 둘이 되기 위한
여행인데

흔적을 삼키는 날카로운 비수는
아침과 저녁 야누스의 얼굴로
한(恨)을 품은 이들의 머리가 되고
고개 숙인 이들의 지렛대가 된다

낯선 땅을 돌고 돌아
하늘이 움츠려드는 곳
시간이 잠깐 멈춘 곳
여기에 우두커니 서 있다

시집 평설

변용의 시법 돋보여

박 진 환(시인 · 문학평론가)

1. 전제

시인의 경우 '무엇'을 쓰느냐? '어떻게' 쓰느냐?에서 시를 출발시킨다. 쓰고자 하는 '무엇'은 그것이 자기 자신의 정신적이고도 정서적인 내면의 소리였건, 정신 밖의 사물이었건, 시대나 사회, 현실이었건, 여기에서 나아가 자연이나 우주였건 그것은 시인의 자유다. 그러나 이러한 자유와는 달리 '어떻게 쓰느냐'는 자유가 아닌 구속력을 지닌다. 여기에서 구속력은 자유의 제한적 요소로서의 구속이 아니라 '어떻게'라는, 어떻게를 충족시켜 주기 위해서는 충족 여건인 레토릭의 구애를 받아야 하기 때문이다.

시의 대상으로서의 소재나 제재는 그 무엇을 대상으로 했건, 소재로 했건 그건 전적으로 시인의 자유다. 그러나 자유의 대상을 시로써 형상화하기 위한 기술이나 방법이 요구하는 바에 충실해야 하는 제약이나 구속을 받게 된다. 그것은 레토릭으로서의 수사에서 자유로울 수 없기 때문이다.

시에 있어서의 레토릭은 시법에 해당된다. 시를 쓰는 법이 아니라 방법으로서의 시법이다. 시는 이렇게 쓰지 않아서는 안 된다는 규제로서의 법이 아니라 어떻게 하면 더 감동을 체험할 수 있게 쓰느냐 하는 기술로서의 방법이다. 그리고 이를 일컬어 시법이라 한다.

지금까지 시에 구사해온 레토릭은 다양하다. 비유·상징·아이러니·역설 등등 모든 수사적 기술은 다 시에 구사되어온 대표적인 레토릭이라 할 수 있다. 그리고 이러한 레토릭들은 마음 가는 대로, 뜻 가는 대로, 생각 가는 대로 진술하는 자유방종을 거부하고 레토릭의 기술에 충실하기를 요구하는 구속력으로 작용했다.

더구나 현대적 기획이라고 하는, 천성적이고도 자연발생적인 것을 거부하는 곳에서 출발한 현대시법으로서의 기술은 더욱 그러하다. 천성적 재능이 아니라 재능보다 기술을 중시하는 현대적 기획으로서의 의도성이나 제작성은 자연발생적 천성을 거부하고 기술에 의존하기 때문이다.

의도적 제작이나 기도된 제작은 한마디로 기술을 의미하고 그 기술을 대표하는 것이 현대적 시법이다. 그리고 현대적 시법은 미 시카고학파들에 의해 제기된 신비평이론을 중심으로

한 신시학의 시법이라고 할 수 있다. 엘리엇식의 정서로부터의 도피나 객관적 상관물의 발견을 통한 폭력적 결합이 그러하고, 상충·상반의 이질적이고도 동떨어진 것들의 충돌을 균형과 조화로 포괄함으로써 새로운 시의 질서에 기여하고자 했던 리처즈의 포괄의 시법이나, 외연과 내포의 먼 양극을 응축과 합일로 결구시키는 테이트의 텐션도 같은 맥락의 현대시법이라고 할 수 있다.

그런가 하면 러시아 형식주의자들에 의해 제기된 낯설게 쓰기나 전경화도 현대시법을 대표하는 시인들이 즐겨 쓰는 시법이다. 그리고 이러한 시법들은 시법이 요구하는 이론적 배경이 있고 이에 충실했을 때만 시에 실천될 수 있는 수사적 기능과 효용을 지니고 있어 자연발생적 천성과 대립되는 기술이라는 제약이나 구속을 요구하게 된다.

이러한 지적은 한주운 시인의 시집 『삶의 문장부호』를 조명하기 위해 동원한 모두의 글로서 조명을 위한 방법론의 제시라고도 할 수 있다. 그리고 이는 한주운 시인이 비교적 현대시법에의 충실에서 시를 출발시키고 있다는 점에서 그러하다.

80여 편의 시를 3부에 나누어 수록하고 있는 시집 『삶의 문장부호』를 시역별로 조명해 보고 또 세 시역에 수록된 시역의 시편들이 보여주고 있는 '무엇'과 '어떻게'를 시를 제시, 구체화해 보기로 한다.

2. 세 시역의 시를 통해 본 '무엇'과 '어떻게'

시집 『삶의 문장부호』에 수록된 80여 편의 시는 시적 대상의 '무엇'을 성격별로 분류, 세 시역에 나누어 수록하고 있다. 제1부엔 「삶의 문장부호」란 타이틀 아래 「네모난 세상」 외 24편의 시를, 제2부엔 「시로 쓴 현장 취재」란 타이틀 아래 「비 오는 날에」 외 33편을, 그리고 제3부에는 「계절로 길을 내어」란 타이틀 아래 「봄날에」 외 22편의 시를 수록하고 있는데 이를 구체화했을 때 시집의 '무엇'과 '어떻게'는 그 본태를 드러낼 것으로 보인다.

2-1 삶의 문장부호 시편들

1부의 시편을 대표하는 주제랄까, 메인 이미지는 '세상', '시간', '길'이 될 듯싶다. 세상은 살아가는 삶의 현장으로서의 현실이고, '시간'은 '흐름'이 '정지', 또는 '기다림'과 같은 것들이고, '길'은 인생지향이나 삶의 지향을 열어가는 길과 현실 속에서 배회하는 길들이다. 중심에 놓을 수 있는 시를 제시, 구체화했을 때 이해를 도울 것으로 본다.

세상은 빙글빙글
회전 그네처럼 잘도 도는데

난 땀을 뻘뻘 흘리며
네모난 바퀴로 된
시간을 끌고 있다

-「네모난 세상」 종연

사각 프레임 밖 세상은
현재 진행형
멈추지 않고 떠나는 시간여행
나른한 오후가 멈춰선 자동차위에 시동을 끄면
복면을 벗은 어둠이 불빛을 타고 논다

-「창밖으로 내다본 세상」

두 예시에서 볼 수 있듯이 '세상'은 빙글빙글 도는 세상이고 이 세상을 끌고 가는 네 바퀴로 된 세상은 땀을 뻘뻘 흘리며 끌고 가는 힘겨운 세상이다. 불교적 해석으론 고해일 수도 있고, 옛분들 해석으론 말세를 의미하는 계세(季世)일 수도 있다. 그리고 이백이 읊은 대로라면 꿈과 같을 수도 있다. 그 어떤 것이 세상이건 화자에 의하면 '멈추지 않고 떠나는 시간여행'일 수도 있는 현재진행으로서의 세상이다. 그래서 세상은 생각하기에 따라선 희극일 수도 있고, 느끼는 사람에게는 비극이 될 수도 있는 것이 세상이기도 하다.

그 어떤 세상이건 세상은 '빙글빙글' 돌아가고, 멈추지 않고 떠나가는 시간 여행이기도 한 세상을 화자는 '땀을 뻘뻘 흘리며/네모난 바퀴로 된/시간을 끌고'가는 세상이게 된다.

두 번째로 제시할 수 있는 것이 '시간'이다. 시에 의하면 시간은 '거꾸로 흐르는 시간'과 '기다리는 시간'이다. 먼저 전자의 시간부터 제시해 본다.

> 잃어버린 시간을 세어본다
> 무의식 너머 아이는
> 장난감 시계를 가지고
> 이리저리 바늘을 돌리고 있다
>
> -「거꾸로 흐르는 시간」 3연

> 다 떠나고 빈 가지로 남은 나목들
> 가릴 데 없이 찬바람에 꺼억꺼억 밤새 울어도
>
> 하늘을 바라며 살 수 있는 것은
> 그들을 감싸 안을 첫눈을 기다림이다
>
> -「시간이 흐르면」 3, 4연

앞의 시에서의 시간은 일종의 시간의 유희다. '무의식 너머 있는 아이'로 하여금 '장난감 시계를 가지고/이리저리 바늘'을 돌리게 함으로써 세상에서의 나아감과는 역으로 거꾸로 시간을 돌리는 거꾸로 흐르는 시간이게 된다. 이것은 시간이 환기시키는 통념이 흐르며 지나가는 것과 역행된다. 한마디로 고

정화된 관념에서 일탈함으로써 새로운 관념을 발견하고자 한, 통념에서의 자유스러움을 지향하는 시간이 된다. 세네카가 말했던 시간은 진리를 발견한다는 것에 빗대이면 시적 관념의 새로운 발견쯤으로 통념에의 역발상쯤이 되게 한다.

뒤의 시에서의 시간은 '기다리는 시간'이다. 한 그루 나목을 빌어 기다림을 읽는, 그것은 세월의 순환이나 순환의 영속성, 또는 회귀성과 같은 것을 의미한다. 그래서 시간이 기다림이 되는 이치는 성립된다. 마치 엘리엇이 현재의 시간과 과거의 시간은 아마도 모두 미래의 시간에 있을 것이며 미래의 시간은 과거의 시간이 담고 있을 것이다란 말과도 맥락이 잇대이게 된다. '거꾸로 흐르는 시간'과 '기다림'으로서의 다가올 시간은 일견 모순 같은 것이나 미래와 과거를 잇는 한 질서에 있게 된다.

이번엔 또 하나인 '길'의 시편을 제시해 본다. 길은 '세상', '시간'의 이원적 해석과는 달리 일원화로 제시되고 있다. 그것이 '헤맨다'와 '방황하고 있다'로 제시된 길이기 때문이다.

> 끊어진 길은 다시 이어지고
> 등 떠밀려 사는 삶도 이어지고
> 생각들은 삭제된 채 빈껍데기만 남아서
> 흐느적흐느적 거리를 헤맨다
>
> -「길 위에서 헤매다」 종연

원형을 상실한
복제인간들의 활보,
세우고, 자르고, 깎고 다듬어
공장에서 출시된 인형처럼
낯선 미소가 온통 거리를
방황하고 있다

－「거리는 공사 중」 2연

'생각들이 삭제된 채 껍데기만 남은' 인간과 '원형을 상실한/복제 인간들이' '헤매고', '방황하는' 길은 문명 비판적 시각만이 포착할 수 있는 길의 풍경이다. '껍데기'만 남아 길을 헤매는 군상과 복제인간으로 기계화 되어버린 인형이 되어버린 현대인의 상실된 자아를 발견하지 못하고 방황하는 거리의 풍경일 수 있게 된다.

이상의 제1부가 보여주고 있는 시 세계는 시인 스스로가 시 「삶의 문장부호」에서 진술하고 있듯이 '쉼표', '되돌이표', '물음표', '느낌표', '마침표'로 재구성한 '세상', '시간', '길'의 여러 시적 양태를 제시한 것으로 보아줄 수 있을 것 같다.

2-2 시로 쓴 현장 취재 시편들

2부의 시편들은 현지답사나 취재라 할 만큼 현장성을 리얼하게 나타내주고 있다. 그래서 '한강'이니 '검단산'이니 하는 현지성과 현지에서 발상한 것들을 컷과 컷으로 재단해다 재구성해주는 시편들을 중심자리에 놓을 수 있게 한다. 여기에 '아버지', '엄마', '너'와 같은 혈통의식이나 인사적 발상에서 얻어진 시편들도 나란히 진열할 수 있을 것으로 보여진다. 두 경우의 시를 제시해 본다.

밤새 복면하고 강가를 서성이던
어둠이
산그늘에 밀려 숲으로 숨어버리면
산은
강을 거울삼아 얼굴에 덧칠한
밤을 닦아낸다

닦아낸 얼굴에 피가 돌면
바다로 향한 발걸음 재촉하며
강은 행보(行步)를 서두른다

지켜보던 여인 하나
아침을 건진 강을 등으로 배웅하며
걸쳤던 물비늘 털어낸다

-「한강 · 4」의 일부

평안남도 강서군 수산면 가현리 586번지

아버지의 고향,
쌀 한 말 등에 지고
자유 찾아 꺼이꺼이 넘어 온 길
시간만큼 변색해 버린 기억 속 할머니는
아직도 손짓하며 웃고 있는데
아버지는 오늘도 되돌아보며 울고 있습니다
－「아버지의 고향」 3연

시 「한강 · 4」는 4편의 시의 주제가 될 만큼 시의 대상이 되고 있는데 한강의 의미론적 해석보다는 한강의 여러 단면들을 컷과 컷으로 떠다 재구성해 보여주는 솜씨는 변용에 값하고 있다. '밤새 복면하고 강가를 서성이던/어둠'이나, '강을 거울삼아 얼굴에 덧칠한/밤을 닦아낸다'나, '아침에 건진 강을 등으로 배웅하고'와 같은 시행들이 보여주고 있는 변용의 솜씨는 분명히 화자가 시는 '어떻게' 쓰는 것이냐와 '어떻게' 써야하는 것인가를 알고 쓴 변용의 솜씨라고 할 수 있다. 어디에 진열해도 돋보이리라고 여겨진다.

시 「아버지의 고향」에서는 '평안남도 강서군 수사면 가현리 586번지'라고 시행이 말해주듯이 북에 두고 온 고향의 현주소다. 그 아버지의 고향이 환기시키는 '시간만큼 변해버린 기억 속 할머니'는 분명히 혈통의식을 말해주는 것이 된다. 아버지의 고향과 고향을 통해 환기시키는 뿌리나 혈륜의식도 2부에서 간과할 수 없을 것으로 여겨져 나란히 진열해 봤다.

2-3 계절로 길을 내어의 시편들

3부에 수록된 시편들은 주로 사계를 노래하고 있는 자연시편들로 장식되고 있다. 그 중에서도 단연 두드러진 계절은 '봄'이다. '봄' 시편이 7편, 가을 시편이 6편인데 비해 겨울 시편은 불과 2편에 불과하다. 이런 편수로 시를 재단할 수는 없다. 그것은 시인의 생리나 정서에 의해 선호하는 계절을 달리하기 때문이다. 어떻든 '봄' 시편과 '가을' 시편 중 1편씩을 예시해 본다.

'봄' 시편에서 주목되는 것은 봄 자체를 노래한다기 보다는 '봄이 오고 있다' 「봄의 길목에서」, '저만치서 오는 봄을 맞으며' 「봄을 기다리는 여심」, '언제쯤 봄은 오는가' 「봄은 오는가」 와 같은 기다리는 봄이다. 꽃이 피고 꾀꼬리가 우는 그런 화개앵제(花開鶯啼)의 무르익은 봄이 아니고 그런 봄이 오기를 기다리는 대춘의 봄이다. 그리고 그러한 봄은 자연현상으로서의 사계의 봄이 아니라 '하얗게 날아가버린 육신의 봄'이거나, '살아있는 환희'가 되어줄 봄, '마지막 설움을 몰아낼 봄', '찬란한 봄은 소멸되어 버렸다'라고 진술한 시행에서 볼 수 있듯이 정신적 보상으로서의 봄이거나, 설움을 몰아내고 행운으로 맞는 봄이거나, 소멸 되어버린 정신의 봄을 소생시키고 싶은, 그리하여 그런 봄이 오기를 기다리는 봄으로 제시되고 있다.

다음으론 '가을' 시편들을 보기로 하자.

수화(樹話)는 아니다
발성 없이도 말을 건네는
무위(無爲)의 말씀
지는 잎은 그런 언어다

잎을 떨쳐버린 나무들은
예외 없이 허수아비가 된다
텅빈 계절을 지키는
파수꾼이 아닌
지킬 것이 없는
그저 나목이기 때문이다

가버린 계절 저쪽으로
발자국 같은 흔적으로
가슴에 새겨지는 낙엽

예시는 「만추」의 전문이다. 제목은 늦가을이지만 시의 중심에는 '낙엽'이 자리하고 있다. 화자는 지는 낙엽을 '수화'가 아닌, '발성 없이도 말을 건네는/무위의 말씀'으로 귀동냥하고 있다. 그렇다. 낙엽은 그저 질 뿐 말을 하지 않는다. 그러나 무위가 무엇인지를 읽을 수 있는 정신적 높이로는 능히 발성 없이 말이 되는 언어의 의미를 읽을 수 있게 된다. 그 의미

속에 나목이 서 있고, 나목의 주변으로 만추가 펼쳐져 있다. 그리고 펼쳐진 만추를 가로질러 이마로 길을 내어 걸으면서 발자국 같은 흔적을 낙엽으로 가슴에 새겨보는 가을의 서정 혹은 가을과의 교감이 예시다. 다만 간과할 수 없는 것은 화자의 정신차원이 발성 없이도 들을 수 있는 무위의 언어를 해독할 수 있다는 형이상학적 정신차원은 높은 의미로 읽어줄 수 있다고 본다.

이쯤에서 마무리는 될 듯싶다.

3. 결어

지금까지의 언급은 한주운 시인의 시집 『삶의 문장부호』 에 대해 조명해본 것들로서 시집을 관류하고 있는 시맥은 1부에서는 '세상', '시간', '길'과 같은 형이상적 주제들이고, 제2부에서는 현장의 답사나 취재를 통해 재구성해주는 현장성 중시의 형이하적 대상으로서의 시, 그리고 제3부에서는 자연시편으로 분류해 볼 수 있는 세 시역을 제시해주고 있다. 그리고 이는 한주운 시인의 시가 형이상적 정신 추구와 형이학적 현실 추구, 그리고 그 중간대 쯤으로 설정해 볼 수 있는 자연과의 관계를 시의 대상이나 관심으로 즐겨 다루고 있다는 '무엇'을 말해주는 것으로 보아줄 수 있다.

문제는 시의 대상인 '무엇'이 아니라 선택 대상이 '어떻게'

시로써 형상화해 주었느냐에 있는데 한주운 시인은 비교적 시법에의 충실로 재구성이나 변용을 통한 형상화를 성공적으로 자신의 시에 실천하고 있다는 점을 결론으로 제시할 수 있을 것으로 본다.

•

한주운(본명 한인순) 시인은 서울 출생으로 월간 『문학공간』으로 등단했다. 한국문인협회, 국제펜클럽한국본부 회원이며, 경기문협이사,(사) 한국시인연대 이사, 하남예총 이사이다. 하남시명예시민기자, 하남시 청소년 상담지원센타 상담교사를 역임했으며 현 하남문인협회지부장, 한우리독서토론논술 하남지부장이다. 독서논술지도사, NIE논술지도사, 마인드맵지도사, 독서치료사, 명예문학박사, 학부모 독서지도법 강사이며 경기신인문학상, 경기도문학상(공로상), 문학공간상, 하남문학상을 수상했고 조선문학 전국시낭송대회 대상 수상, 한국시낭송가협회 전국시낭송대회 동상 수상, 경기예술인상을 수상했다. 시사집 『버려진 것들, 떠나간 것들, 잊혀진 것들』이 있고 동인지 『어느 고운날의 긴 외출』 외 다수가 있다.

•

조선문학시인선 • 367

삶의 문장부호

2014년 7월 25일 인쇄
2014년 7월 30일 발행
지은이 / 한주운
발행인 / 박진환
펴낸곳 / 조선문학사
등록번호 / 1-2733
주소 • 110-092 서울 서대문구 홍제2동 96-4
대표전화 / 730-2255
팩스 / 723-9373
ISBN 978-89-98115-55-5

정가 10,000원